Préface

par Thomas Adeux

"Au commencement était le verbe". La Bible nous prévient immédiatement de notre essence. Le verbe, c'est à dire le langage, est consubstantiel à notre identité humaine. Nommer, organiser, hiérarchiser, c'est exprimer notre différence avec la nature. C'est nous arracher de notre milieu pour être autre chose que notre environnement.
Exister pour un homme, c'est dire, c'est le dire.

Dans notre monde pressé qui instrumentalise le vocabulaire dans une efficacité parfois pénible et souvent appauvrissant dans notre capacité à exprimer les différentes teintes de nos émotions, Alec Lloyd Probert nous offre un chemin de traverse ; rafraichissant pour les esprits agacés de la mutilation de la complexité omniprésente dans nos sociétés dites de la « connaissance ».

Alec Lloyd Probert part de ce constat : la fadeur générale de notre langage condamne l'être à ne pas tout dire. Les continents de nos existences sont réduits par la faiblesse structurelle de notre architecture collective : le langage.

Nous sommes des héritiers de notre langue avant d'en devenir des légataires ; Alec Lloyd Probert se veut un héritier critique et refuse le legs mécanique.
Il voit plus loin, il veut réinventer notre héritage pour créer un autre possible où de nouveau continents apparaissent.

Tel un Magellan découvrant l'océan Pacifique pour la première fois, il se veut un explorateur de notre perception.

Il veut questionner notre identité collective.
Vanité ? Utopie ? perte de temps ?

Les contempteurs de sa pensée sont les esprits qui ne créent pas. Les chemins héroïques sont plus importants que leurs résultats (parfois féconds, parfois vains). Ils remplissent l' être, ils donnent sens. Ils disent oui à la vie. Ils sont le meilleur de nous-même...

On pourrait voir sa critique comme un esthétisme réactionnaire à la Tocqueville.
Le philosophe français partant en Amérique décrit un système démocratique qu'il exècre, mais qu'il considère comme une réalité implacable destinée à s'imposer historiquement comme mode de gouvernance des hommes.

Il se fait l'observateur pointu des faiblesses de la démocratie qui le désespère, prenant conscience de la mort de son univers : l'ancien régime.

Il décrit un monde à l'agonie (le sien (et un autre qui nait : le nôtre)). Une nostalgie romantique transparait dans son livre. Il désespère de la disparition d'un univers qui le constitue et qu'il emporte avec lui.

Comme chez Tocqueville, Alec Lloyd Probert constate la disparition d'un monde.

Mais cet esthétisme réactionnaire est une clé de lecture insuffisante pour comprendre son projet.
Mais au fait, quel est son projet ?

Face au recul sémantique de dire les choses, le but est de créer un nouveau langage : le graphieros pour rendre toutes leur richesse à nos émotions.

Il s'agit d'inventer un nouveau réel avec la patience et la persévérance qui manque à ce siècle.

L'éloge de la lenteur n'est pas une nostalgie d'un monde qui disparait devant nous, ou en tout cas pas seulement.

C'est surtout une volonté dynamique de tourner le dos au passé pour créer un autre possible.

Alec Lloyd Probert nous offre un autre monde, le sien.

Le chemin entrepris de son projet artistique débouche tout naturellement (oserais-je dire) dans la volonté de décrypter la richesse de son œuvre.

En effet la graphie omniprésente dans ses peintures trouve enfin sa pierre de Rosette.

Derrière la critique d'une certaine modernité et la volonté d'inventer une langue qui offre une rupture avec la simplicité ambiante, Alec Lloyd Probert dit autre chose, sans doute un peu contre lui-même.

Il nous dévoile le fil logique de sa démarche artistique.

Artiste autodidacte donc forcément franc-tireur, il est impossible d'imaginer résumer son parcours, mais on peut s'appuyer sur trois moments clés de son cannibalisme créatif pour éclairer sa démarche.

Le point de départ, la jeunesse artistique tournée vers le figuratif avec de nombreux portraits de ses muses et des natures pas tout à fait mortes, la période dite « téléphonique ».

Le basculement dans un univers plus abstrait avec la mise en place d'une graphie qu'on devine être un langage sans pouvoir le déchiffrer.

Et l'époque actuelle, synthèse des deux premières ; l'œuvre figurative n'est que l'addition d'une infinité de points, comme si sa graphie et ses représentations d'individus se fusionnaient dans une démarche supérieure.

La mise en place d'un système idéolinguistique dont ce livre est le sujet, est le cheminement logique de sa démarche artistique.

Dans un langage vif, complexe, Alec Lloyd Probert nous livre les clés de son univers et nous montre les riches potentiels de sa créativité.

En définitive, cet éloge de la lenteur et de la richesse des possibles n'est que le témoignage le plus poignant de la cohérence d'une œuvre.

La construction de cette langue nous invite à découvrir pas à pas la démarche profonde et fragile d'un homme qui tord le réel pour exprimer son être.

Son nouveau langage est à sa peinture ce que le divin est à l'homme, quelque chose d'envoûtant et d'inaccessible.

Les Lilas, septembre 2017

Avant-propos

« Gagner du temps, faire plus vite et plus rapide encore ». C'est par un tel slogan qu'on serait tenté de résumer l'esprit de l'époque, au moment où une fraction de l'humanité est en passe de fusionner avec la machine, et où l'autre se multiplie en agonisant. Pour les heureux du premier monde, l'accélération est vertigineuse et s'éloigne du point de gravité contemplatif que seule autorise la capacité à prendre son temps.

L'accès illimité à des sources d'information en continuel et véloce rafraîchissement impose de marcher au pas, au rythme dicté par leur mise à jour. On ne prendrait pas le risque qu'une analyse fût réfutée par des publications apparues pendant le temps de notre réflexion.

Que font tous ces citoyens, leur smartphone à la main, dès que la cadence de leur journée les contraint à subir une attente, même minimale ? Ils occupent le temps, ou se font *occuper*, par le parcours au pouce des réseaux sociaux virtuels, ou par des jeux qui tiennent plus d'un travail productif que de l'essence éducative.

La structure de la pensée s'en trouve modifiée, tournée vers plus d'estomac pour accueillir de nouvelles informations en quantité, et donc à des capacités digestives proportionnellement augmentées, à l'acquisition d'une autre forme de mémoire, qui serait l'exacte opposée de celle qui a prévalu dans l'humanité pour la plus grande part de son existence, fondée sur la mémoire et l'oralité. Notre pensée se structure dès lors par le visuel et l'oubli, par la rapidité et la religion de l'optimum.

La pensée et le langage se modifient simultanément. L'espace disponible pour qu'une expression soit lue est court. L'écriture se fait à l'instinct. A l'émotif. Au j'aime j'aime pas. Le langage doit être optimal, ses phrases courtes, nominales, construites pour susciter une adhésion immédiate, traduite par un mouvement de pouce sur l'écran. Dans un tel contexte, le vocabulaire et la richesse potentielle de son détail ; la syntaxe et ce qu'elle peut apporter à l'équilibriste du discours ; l'étymologie et le lien tortueux qu'elle offre de parcourir comme un chemin forestier pour débusquer l'origine souvent simple et étonnante de nos idées agglutinées et complexes ; tout cela se trouve condensé, parfois jusqu'au *point* de l'émoticône.

La variation dans la profondeur possible de la pensée s'en trouve considérablement réduite. Ajoutez à cela des cultures où se couper la parole est une pratique courante, et vous obtenez une pensée et un langage qui passent avec la seconde écoulée, en rasant les choses sans jamais en atteindre le bulbe.

Cet ouvrage présente les clés pour décrypter la langue construite qu'est le graphieros, maçonnée à rebours de cet esprit de l'époque, en ce qu'elle offre à son locuteur une expression rallongée, lente, analytique et patiente. C'est une langue qui *prend* son temps, car elle entretient avec l'étymologie un lien transparent, ses mots sont leurs définitions, elle est en cela plus développée, plus développante.

A l'origine construite spécifiquement pour un usage artistique, dont quelques exemples sont reproduits dans ces pages, le graphieros s'est peu à peu libéré du cadre des tableaux. Il se pense, se parle, se décline, et se partage, au point que sa structure inspire d'autres idéolinguistes dans leurs travaux. Construire une langue à partir de rien consiste à contempler le langage dans son anatomie, à en explorer les racines, en déduire des graines, tout en laissant la place à ses dérivations nécessaires dans des frontières ouvertes, car comme l'écrivit Wittgenstein : « Les limites de mon langage signifient les limites de mon propre monde »[1].

Boulogne-Billancourt, août 2017

---

[1] Tractatus logico-philosophicus, 1921

7

I

Structure

Objets et sujets nous apparaissent comme des entités distinctes, dans le quotidien de nos vies. Nous faisons bien la différence entre une table, et la composition florale à laquelle elle sert de socle ; nous faisons généralement la différence entre nous et les autres.

Toutefois, l'intuition géniale de Démocrite et sa confirmation quelques millénaires plus tard, nous racontent la matière comme un tissu à la fois fragmenté et continu, où l'agencement des éléments dans le vide donne lieu, par le jeu des interactions entre leurs particules, aux phénomènes que nous percevons. Toute chose serait ainsi constitutive d'une *grille*, dont les dimensions minimales seraient définies par les unités de Planck. Peut-être trouverons-nous un jour quelque autre clé nous permettant d'entrer plus profond encore dans la petitesse de la structure de la matière. L'état des hypothèses en ce début de XXIème siècle témoigne encore de ces unités comme de dimensions où s'arrête la possibilité mathématique d'un *en-deçà*.

La matière occuperait donc cette grille, comme des billes sur un plateau de solitaire. Cela reviendrait à dire que la structure sur laquelle se dépose ou s'exprime la matière est façonnée par des *points*. Il s'agit d'une définition métaphorique, permettant l'abstraction de ces idées scientifiques vulgarisées dans le domaine de l'art et du langage en particulier. Un point, pour les composants vibratoires d'une particule, comme un trou pour une bille.

Or, si tout part du point puisque rien ne lui peut être plus petit, les points doivent s'arranger entre eux pour former la maille du monde. L'observation de la nature nous apprend souvent que celle-ci tend à exprimer un optimum dans l'agencement des matières, ou dans la consommation d'énergie. Les structures produites par cette économie tiennent de la presque parfaite géométrie, que ce soit au niveau atomique pour le diamant, ou animal pour les abeilles et leur génie ingénirique ancestral. Tout porte à imaginer que l'expression de cette économie au niveau des dimensions de Planck ne soit pas géométriquement différente de ce que nos yeux nous offrent de contempler des structures naturelles. Ainsi, pour qu'il y ait matière, il faut bien qu'un deuxième et un troisième point viennent s'agencer autour du premier, sans jamais le chevaucher, et de la façon la plus économiquement nécessaire. Au fin-fond du plus petit de la matière, retrouvons-nous les idées de Pythagore ? Peut-être n'est-ce que nous-mêmes que nous rencontrons sans cesse, peut-être n'est ce que l'architecture de nos capacités d'êtres humains à percevoir l'origine des choses, notre filtre perceptif limité. Toujours est-il que l'artiste peut trouver dans cette architecture de quoi manipuler sa matière dans un cadre fini. Le peintre partira toujours d'un point, ne serait-ce qu'en posant la pointe pour la première fois pour tracer une ligne, qui n'est autre qu'un point figuré dans son mouvement.

Dès lors, comment s'agencerait une structure de points qui voudrait représenter l'économie énergétique de l'univers ? Il y a fort à parier qu'elle suivrait le chemin tracé par les abeilles dans leur consommation mesurée de gelée royale.

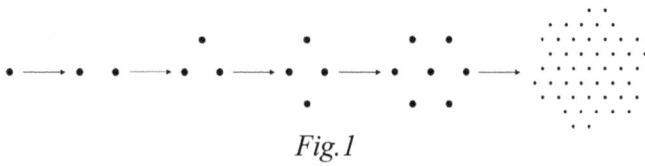

Fig.1

Fig.1 : les dimensions de Planck, figurées par l'agencement de points équidistants, générant une grille fractale. Les formes fondamentales qui en découlent sont le triangle rectangle, et l'hexagone régulier.

Les particules sont les objets fondamentaux à partir desquels peut s'articuler le langage de la matière, avec son vocabulaire, sa syntaxe et sa grammaire. Ces particules prennent place sur la grille, en respectant son économie structurelle. De la même façon que le caractère d'une particule serait déterminé par les spécificités et les types de vibration de la corde qui la constituerait, nous pourrions imaginer que les connexions entre les points de la grille pussent déterminer des mots. Cette transposition simplifiée et poétique du milieu multi-dimensionnel des cordes de la théorie sur les deux dimensions du papier ou de la toile permet d'évoquer leur mouvement vibratoire, par la connexion des points, créant autant de glyphes pour ce nouveau langage.

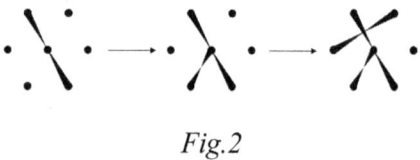

Fig.2

Fig.2 : les trois connexions permettant de tracer le glyphe [ka]
(humain)

De la même manière que les particules s'agglomèrent ou interagissent pour créer des molécules, des concepts poussés pourront se former par l'accumulation des glyphes.

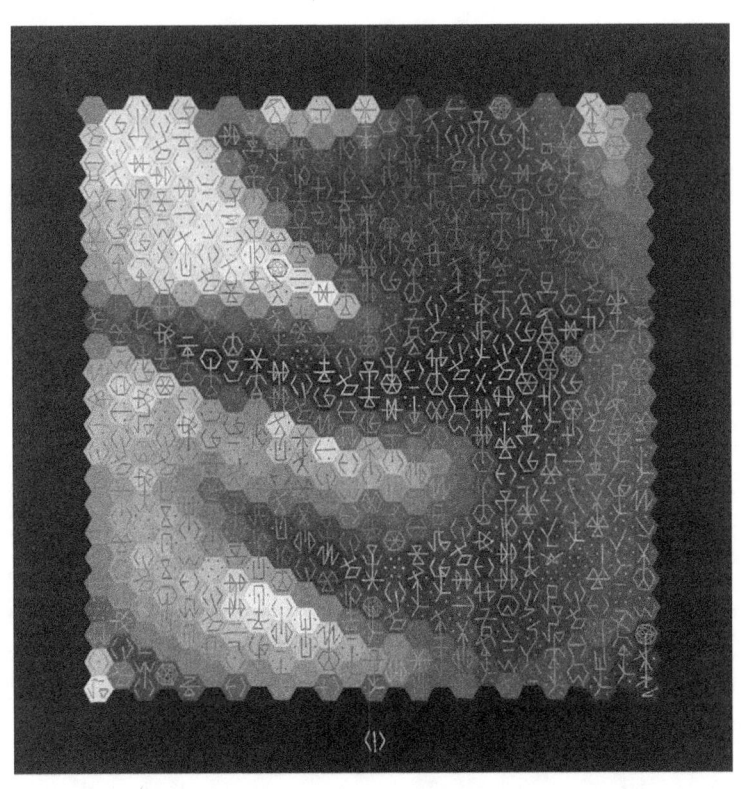

Chat code
Huile sur toile
30x30cm
2016

II

Les trois modes du graphieros

1

Le graphieros linéaire

Le graphieros est le fruit d'une démarche picturale visant à représenter des portions du monde en intégrant cette métaphore du code de la matière que serait un langage structuré par et pour la grille des dimensions de Planck. Ainsi, le spectateur d'un tableau verrait-il un sujet avec lequel il est familier (un visage, un objet, etc.) lorsqu'il le regarderait à bonne distance. Puis, à mesure qu'il s'approcherait de la surface de l'œuvre, il pourrait distinguer peu à peu les hexels[2]. En s'approchant encore, il pourrait percevoir les glyphes inscrits dans les hexels, et, s'il est familier avec la langue, en décrypter le contenu.

De loin, le code n'est pas visible. De près, on ignore tout de la grande image. Ainsi du scientifique armé d'un microscope.

Les langues que nous manipulons tous depuis l'enfance séparent les mots avec des espaces, sans lesquels la pensée ne serait qu'un flux arythmique et indébrouillable. Dans les dimensions de Planck que nous imaginons comme support du graphieros, il n'est pas d'autre espace possible que celui du vide nécessaire qui entoure les particules, et qui permet de délimiter des points. Chaque trou devant accueillir une bille, comment dès lors différencier les mots les uns des autres ?

Puisqu'un mot est une molécule et que celle-ci témoigne d'une agglutination, le choix fut fait de représenter celle-ci par une connexion centrale verticale reliant tous les glyphes d'un même mot.

---

[2] Pixel de forme hexagonale

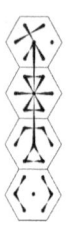

Fig.3 : une barre verticale centrale relie les 3 glyphes qui composent le mot [ka-fy-go] (je, moi), puis un autre mot suit : [ma] (être).

[ka-fy-go ma] (Je suis)

Le sens d'écriture du graphieros linéaire n'est pas le fruit d'un choix arbitraire. Pour qu'un peintre droitier puisse peindre les hexels et y graver les glyphes à frais dans la peinture à l'huile sans risquer de catastrophe, procéder de haut en bas et de gauche à droite apparut comme la méthode la plus optimale.

Toutefois, au-delà des contraintes imposées par le corps même de l'artiste et le médium qu'il a choisi, le graphieros linéaire peut emprunter tous les chemins autorisés par le pavage hexagonal de la grille.

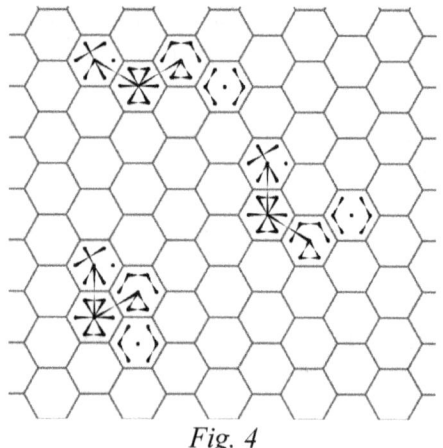

Fig. 4

L'œil pourra en effet suivre l'écoulement des mots grâce à ces connexions centrales qui l'orienteront dans les méandres de la pensée. Ecrire en spirale, ou dans l'aléatoire percolatif de la succession des hexagones, tout cela est rendu possible (fig.4).

Ce mode d'écriture linéaire autorise aussi des bifurcations, des carrefours, des dédoublements, où la pensée peut se diviser en lignes indépendantes à partir d'un glyphe commun, rendant envisageable l'expression de pensées parallèles.

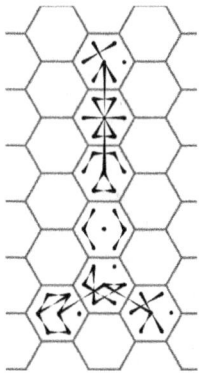

Fig.5 : [ka-fy-go ma kli-pkia] ou [ka-fy-go ma kli-ka] (Je suis animal ; je suis humain).

De cette façon, peuvent être représentées simultanément différentes qualités d'un même objet.

La croissance de la pensée peut donc se développer en arborescence, avec autant de branches issues d'un tronc originel. Avec un peu d'habileté, la division pourrait aussi se résoudre sur une ligne commune, en guise de conclusion.

2

Le graphieros fractal

Les sens d'écriture autorisés par le mode linéaire restent dans le périmètre que nous connaissons avec les langues usuelles que nous pratiquons, et qui sont adaptés aux différents supports que nous avons dressés pour écrire (pierre, parchemin, papier...). D'autres dimensions sont accessibles sur les écrans que nous avons maintenant à notre disposition. Le graphieros fractal permettrait ainsi de pouvoir lire la langue dans le sens de la *profondeur*. Son utilisation sur les supports premiers mentionnés plus haut est possible, mais limitée à leurs dimensions nécessairement fixes.

Les glyphes du mode fractal sont centrés dans un premier glyphe, et disposés en utilisant l'échelle ½ (fig.6). Afin d'en faciliter la lecture, la forme calligraphique avec ses pleins et déliés est plus propice que la simple ligne claire, car elle permet de ne pas noyer les glyphes plus petits sous l'épaisseur des plus gros. Enfin, la variation des contrastes ajoute à la clarté de la composition : les glyphes les plus petits seront les plus sombres.

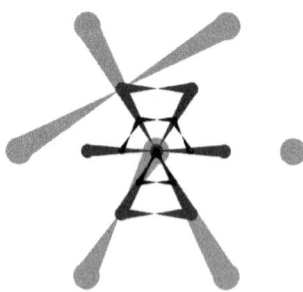

Fig.6
[ka-fy-go] (je, moi), en mode fractal.

Il apparaît donc rapidement qu'un nombre limité de glyphes lisibles puisse être agencé de façon fractale sur un support papier. Aussi, son utilisation sur tous les types de supports fixes se limiterait-elle à des lettrines, ou des calligraphies illustratives. La lecture de textes complets rédigés en mode fractal sur un écran serait rendue possible par un rapprochement contrôlé par le lecteur, qui naviguerait au travers d'un *vortexte* comme un pilote de vaisseau.

3

Le graphieros moléculaire

De multiples combinaisons du mode linéaire et du mode fractal sont possibles. Nous avons retenu celle qui permet à la fois de se débarrasser de la barre de connexion verticale qui sabre les glyphes du mode linéaire, tout en autorisant une lecture sur les supports classiques.

La dimension fractale n'est plus exprimée au centre du premier glyphe, comme c'est le cas pour le graphieros fractal, elle l'est au niveau de chaque sommet, que chacun partage avec un autre sommet d'un glyphe à l'échelle ½.

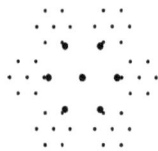

Fig.7 : la structure de base du graphieros moléculaire, permettant la connexion de six glyphes au septième central.

Dans les cas rares où le nombre de glyphes qui composent le mot dépasse sept, le mot se poursuivrait sur un autre module moléculaire, comme il sera présenté dans des exemples plus loin.

Le sens de lecture du graphieros moléculaire est un linéaire sinueux, puisque l'œil passe d'un module à l'autre après en avoir parcouru la circonférence. L'ordre de lecture des glyphes secondaires dépendra du type de glyphe qui est placé au centre du module. Ces règles seront également présentées plus loin.

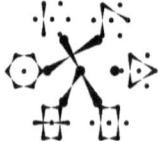

Fig.8 : exemple d'un module moléculaire entièrement rempli. Le glyphe [ka] est entouré des glyphes des numéros

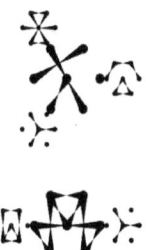

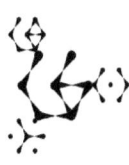

Fig.9 : Exemple de succession des modules moléculaires. Chaque module correspond à un mot. Le glyphe central correspond au glyphe placé en tête dans le mode linéaire.

Le mode moléculaire, plus aéré que les deux modes linéaire et fractal, peut être utilisé pour l'édition d'un texte court, ou d'un poème. Sa structure sera aussi reprise dans l'écriture des équations de la chimie.

Les trois modes d'écriture linéaire, fractal et moléculaire sont donc chacun adaptés à des utilisations spécifiques : texte de base pour le graphieros *linéaire* ; calligraphie ou sens de lecture en profondeur compatible avec les technologies numériques pour le graphieros *fractal* ; expression poétique ou scientifique pour le graphieros *moléculaire*.

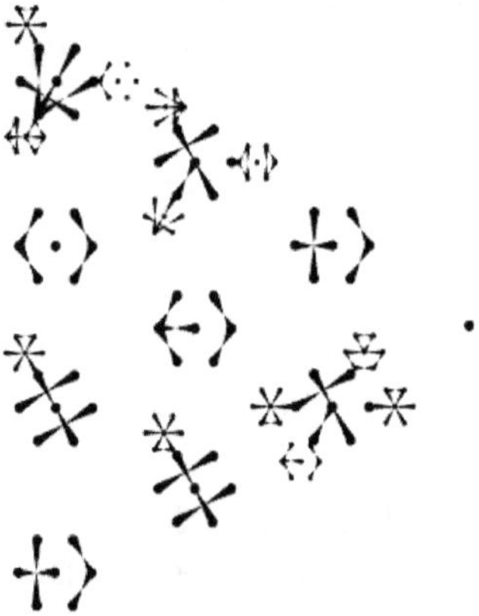

Description du fonctionnement du graphieros moléculaire
en graphieros linéaire (extrait d'un carnet)

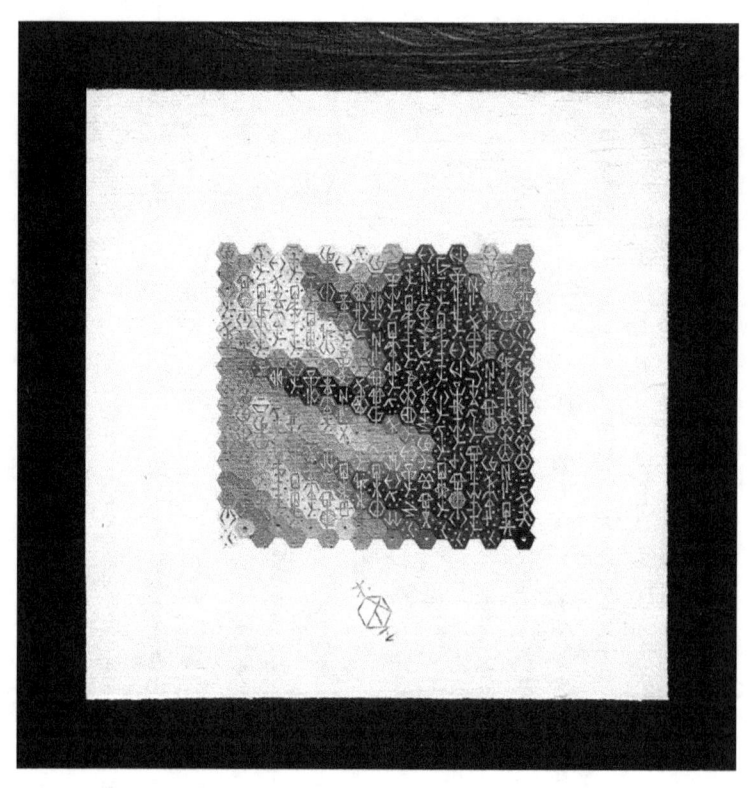

Elle parle
Huile sur toile
20x20cm
2017

1. Nos lèvres s'arment à ce monde
2. Et le monde entre dans nos lèvres.
3. Des sons vibrent sur notre front
4. Et nous lui renvoyons des mots.
5. Ces mots donnent forme aux choses
6. Et ces choses nous transforment.
7. Notre visage nous rien parle du monde
8. Et mes mots ont une autre image
9. De la bouche aux yeux antiques
10. S'écoule un fleuve de code
11. Où flottent des sentiments de bois et de pétale.
12. Les mots bourdonnent et prennent feu
13. Et un serpent de lave se dresse dans le ciel.
14. Quand les mots sont les étoiles
15. Qui chauffent et qui fertilisent l'univers
16. Quand un sourire creuse des océans
17. Et remet tout un planète de sa richesse
18. Alors le monde est beau comme un atome
19. Et les choses sont libres comme l'air.

Manuscrit pour le tableau
« Elle parle »

III

Nombres

1

Système numérique

Cohérent avec l'idée même de l'hexagone, le système duodécimal a été sélectionné pour intégrer le graphieros. La base douze ajoute un symbole pour le chiffre 10, et un autre pour 11, soit respectivement χ et Ɛ[3]. En base douze, 10 correspond donc à 12 de la base 10 ; 20 correspond à 24 de la base 10, etc.

Les glyphes sont formés de telle sorte qu'un chiffre corresponde au nombre de segments qui le composent, à l'exception du zéro :

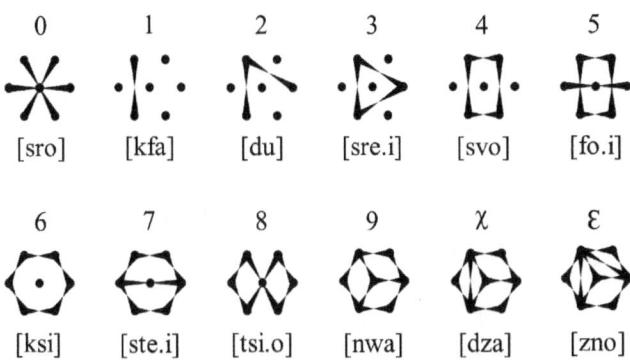

Fig.10 : liste des numéros

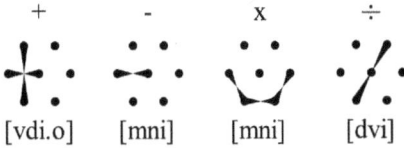

---

[3] D'autres symboles sont utilisés pour 10 et 11, comme A et B, ou α et β, X et Y, T et E. Nous avons choisi les symboles utilisés par *The Dozenal Society of America*.

Fig.11 : les quatre opérateurs arithmétiques élémentaires

Dans la mesure où certains numéros utilisent les mêmes glyphes que d'autres mots du corpus, une balise est placée avant un numéro ou un nombre, pour pouvoir clairement les identifier. Cette balise, [nma.e] (nombre), ne se prononce pas quand elle est suivie de numéros, uniquement si elle n'est pas utilisée comme balise.

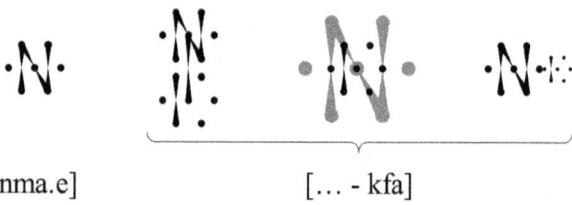

[nma.e]   [… - kfa]

Fig.12 : la balise [nma.e] (nombre) et son utilisation dans les
trois modes du graphieros

2

Notation chimique des éléments

Les éléments du tableau périodique sont baptisés par leur numéro atomique. Lorsqu'ils sont utilisés dans le langage courant, ils sont considérés comme des objets, donc précédés par le préfixe [pta.e].

Dans le cadre de la notation scientifique, ils perdent le préfixe, ne laissant que leur numéro, et s'il s'agit de représenter une molécule, les liaisons seront indiquées par des connecteurs entre les glyphes (le tableau périodique complet figure en annexe).

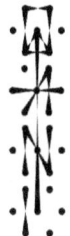

Fig. 13 : « Hydrogène », en graphieros linéaire, en notation commune. [pta.e-tme.i-...-kfa] : « objet-atome-numéro (non prononcé)-un »

Fig.14 : « Hydrogène », en notation scientifique, où l'on ne conserve que le numéro. Toutefois, on continuerait à le prononcer comme dans la notation commune.

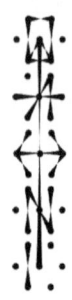

Fig.15 : « Dihydrogène », en graphieros linéaire en notation commune. [pta.e-tme.i-kno.i-...-kfa] : « objet-atome-connecter (molécule)-numéro (non prononcé)-un »

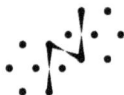

Fig.16 : « Dihydrogène », ou 1-1 en notation scientifique, avec sa liaison covalente. Les deux glyphes [kfa] sont notés en miroir, pour une finalité esthétique.

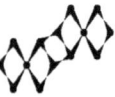

Fig.17 : « Dioxygène », ou 8-8 en notation scientifique, avec sa double liaison.

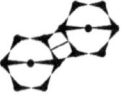

Fig.18 : « Diazote », ou 7-7 en notation scientifique, avec sa triple liaison.

Les éléments nommés par des nombres supérieurs à 9 sont notés en mode fractal.

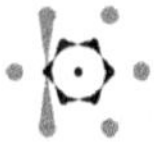

Fig.19 : « Argon », ou 16 en notation scientifique[4].

---

[4] 16 en duodécimal, soit 18 en décimal.

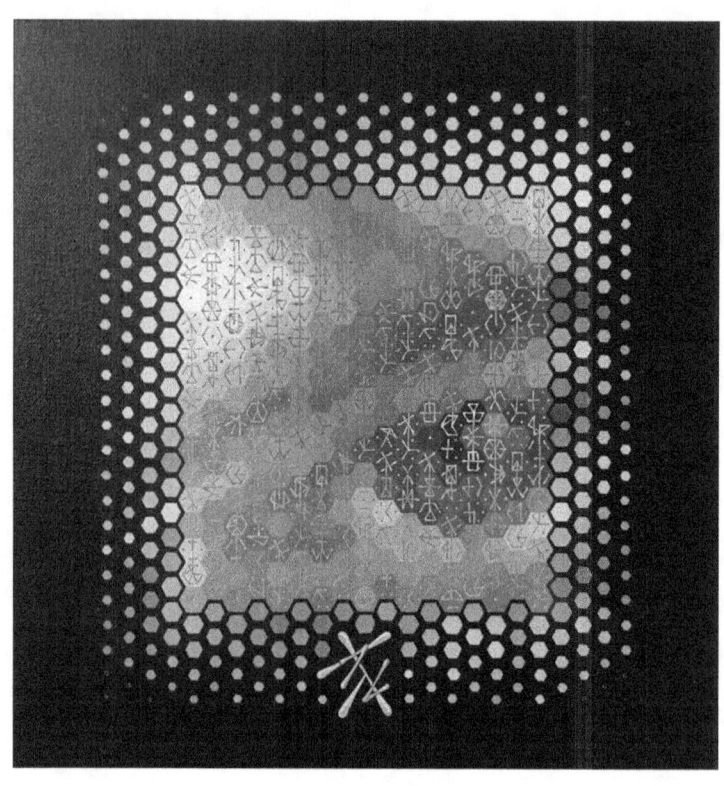

Point de vue
Huile sur toile
20x20cm
2017

IV

Fonctionnement du graphieros

Le graphieros est une *idéolangue*[5] basée sur un corpus d'environ 400 idéogrammes et pictogrammes appelés « glyphes ». Ces glyphes de base (listés dans l'annexe), qui sont des mots en eux-mêmes, constituent les éléments permettant de produire d'autres mots par agglutination.

Par défaut, la plupart de ces glyphes de base sont des verbes, auxquels viennent s'ajouter des préfixes qui les changent en substantifs. Quelques exceptions offrent à la langue un caractère moins systématique, plus « culturel ».

1

Préfixes généraux

Au nombre de douze, les préfixes généraux permettent donc de démultiplier les mots possibles issus d'une action. Nous tenterons d'en éclairer la formation graphique, ou tout du moins d'apporter quelques éléments d'explication à un processus sélectif dans lequel l'arbitraire et le goût de l'artiste ont eu une place nécessaire.

humain

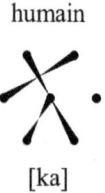

[ka]

Le glyphe [ka] (humain) est l'un des rares pictogrammes permis par la structure simple des sept points de la grille. Ce glyphe est un dessin représentant un humain. Il ne s'agit pas d'un verbe. Il sert de base pour détailler les genres, comme il sera vu plus loin. Placé devant un verbe, il désigne la personne qui produit l'action ; ainsi par exemple, « donner » devient « donneur », ou « prendre » devient « preneur ».

---

[5] Selon la terminologie acceptée sur le forum francophone « L'Atelier » (http://www.ideolangues.org/forum)

déterminer

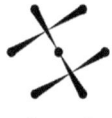

[me.a]

Placé devant un verbe, le glyphe [me.a] change celui-ci en nom. « Agir » devient « action », « mériter » devient « mérite », « aimer » devient « amour ». C'est le tout premier préfixe qui fut créé quand apparut la nécessité d'avoir recours à ce système. Là où le verbe est mouvement, figuré par les deux segments parallèles, la détermination vient le fixer, reliant les deux segments par un troisième qui les coupe.

sujet

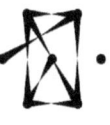

[pka.e]

Construit à partir de [ka] (humain), le glyphe [pka.e] (sujet) indique la personne ou la chose qui subit une action. Il est plus fréquemment utilisé pour transcrire ce que le français résout par le participe passé, comme il sera présenté dans la section grammaticale de cet ouvrage. L'humain est inscrit dans un cadre, évoquant l'idée du sujet en art. Notons que l'humain sort du cadre : peut-on en effet tout embrasser d'un sujet ?

objet

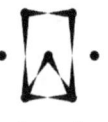

[pta.e]

Ce préfixe permet de distinguer du substantif la possibilité de *l'action de*. Par exemple, on utilisera le préfixe [me.a] pour changer le verbe « accéder » en « accession », mais [pta.e] pour le changer en « accès » ; ou encore [me.a] pour changer « cadrer » en « cadrage », et [pta.e] pour le changer en « cadre ». S'il est placé seul devant un verbe, ce préfixe ne désigne jamais des objets manufacturés, ou techniques, ou technologiques. Pour ce faire, il faudra lui faire suivre un deuxième glyphe.

objet technique

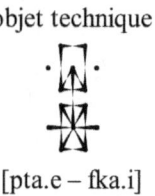

[pta.e – fka.i]

Pour désigner de tels objets, le glyphe [fka.i] (fonctionner) est ajouté à [pta.e] (objet). Dès lors qu'une valeur est ajoutée par l'humain à une ressource naturelle, comme la transformation d'une branche en bâton par exemple, il conviendra d'utiliser ce double préfixe.

Lieu

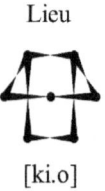

[ki.o]

Le glyphe [ki.o] (habiter), permet de désigner un lieu lorsqu'il est placé en préfixe. Utilisé seul en préfixe, il ne désigne jamais un lieu qui serait le produit d'une transformation humaine. Ainsi, la Terre ou la Lune sont-ils des lieux préfixés par [ki.o], mais pas un pont, ni une maison. Un lac naturel, mais pas un étang artificiel.

Pour désigner des lieux transformés par l'humain, témoignant notamment d'une propriété, comme une maison, une boulangerie ou une usine, il est donc nécessaire d'ajouter le second préfixe [fka.i] (fonctionner), comme il est fait pour les objets fonctionnels.

établissement

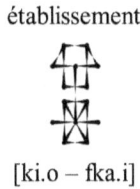

[ki.o – fka.i]

L'ajout du glyphe [fka.i] (fonctionner) aux préfixes [pta.e] et [ki.o] permet d'établir une nette distinction entre nature et culture.

déterminer   être   étant

$$\times \quad + \quad \langle\, \cdot\, \rangle \quad = \quad \Diamond\!\Diamond$$

[me.a]   [ma]   [me.a - ma]

Le résultat graphique de la fusion du préfixe [me.a] (déterminer) et du verbe [ma] (être), est le préfixe [me.a – ma], indiquant le gérondif. « Imaginer » devient « imaginant ».

avec

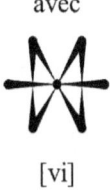

[vi]

Placé devant un verbe, un nom ou un adjectif, le préfixe [vi] (avec) change celui-ci en adverbe. « Obstiner » devient « obstinément », « particularité » devient « particulièrement ».

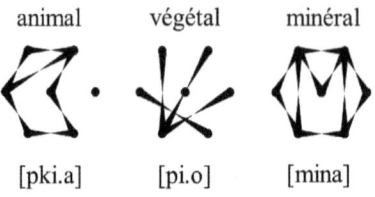

animal   végétal   minéral

[pki.a]   [pi.o]   [mina]

Les glyphes [pki.a] (animal), [pi.o] (végétal) et [mina] (minéral), sont utilisés comme préfixes pour dérouler les taxinomies de la nature.

ce, cette

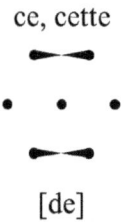

[de]

Le glyphe [de] (ce, cette, cela), peut être utilisé en préfixe, ou en suffixe, pour rattacher un substantif ou un verbe à un sujet précité (comme dans la phrase : « Je les ai déposées », où l'on écrirait en graphieros « je avoir sujet-de déposition-ces »). Il peut être utilisé parfois comme déterminant, à la guise de l'écrivain.

2

Préfixes temporels

Les temps disponibles en graphieros sont d'un usage relativement simple, si on le compare aux langues européennes. Par défaut, tout verbe est exprimé au présent de l'indicatif ; il n'est donc nul besoin d'un marqueur spécifique. Des préfixes ont été créés pour indiquer les temps du passé [pso.i] et futur [ftu] ainsi que les modes : conditionnel, subjonctif et impératif. Des exemples serviront d'illustrations au chapitre les concernant dans la section grammaticale de l'ouvrage.

passé   futur

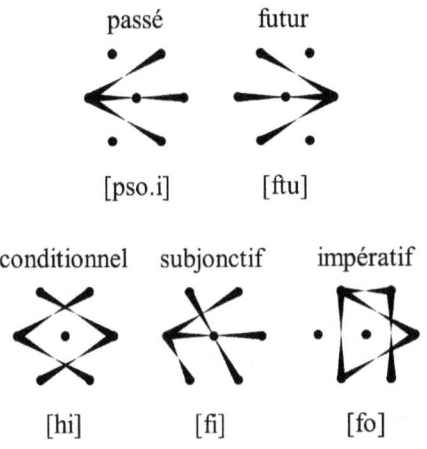

[pso.i]   [ftu]

conditionnel subjonctif impératif

[hi]   [fi]   [fo]

3

Suffixes

Des modulations peuvent également être apportées à la fin des mots, à travers l'utilisation de suffixes.

pluriel

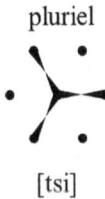

[tsi]

Ajouté à la fin d'un mot, le glyphe [tsi] indique le pluriel. Son utilisation sera précisée dans la section grammaticale de l'ouvrage.

-isme

-iste

• •

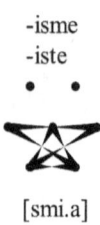

[smi.a]

Ce glyphe revêt la même fonction que le suffixe « -isme », quand le mot commence par [me.a], et « -iste » quand le mot commence par [ka]. Il permet donc de changer un nom en système, ou en utilisateur/promoteur de celui-ci.

Le graphieros est structuré en modules agglutinés, constitués d'un cœur sémantique d'un ou plusieurs glyphes, pouvant être précédés de préfixes pour en modifier la nature nominale, préciser le temps ou le mode ; et de suffixes. La langue est essentiellement analytique, puisque les mots composés montrent avec transparence leur étymologie. Certains concepts ou objets pourront donc conduire à des mots longs. Dans le cas où des mots longs devaient être utilisés régulièrement, des glyphes de base spécifiques ont été créés.

4

Genres

Les glyphes indiquant les genres sont tous dérivés du glyphe [ka] (humain), et peuvent être utilisés à sa place. [ka] est utilisé par défaut pour désigner la personne qui agit, d'une façon neutre et générale. Seuls les humains et être vivants sont donc susceptibles d'être genrés.

humain

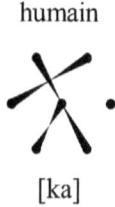

[ka]

femme - femelle	homme-mâle	hermaphrodite	transgenre

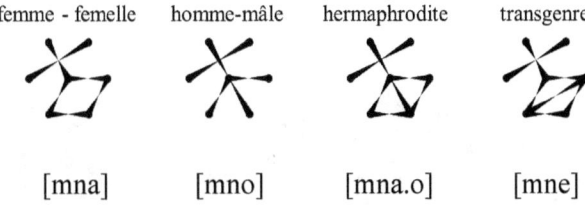

[mna]	[mno]	[mna.o]	[mne]

Bien sûr, il n'est pas exclu d'imaginer que des objets puissent être genrés, même si ce n'est pas notre choix pour le moment.

5

Ponctuation

Le graphieros dispose d'une ponctuation sommaire : virgule, point, point d'exclamation, point d'interrogation :

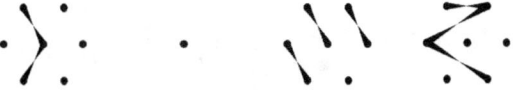

Les points d'exclamation et d'interrogation sont placés en fin de phrase.

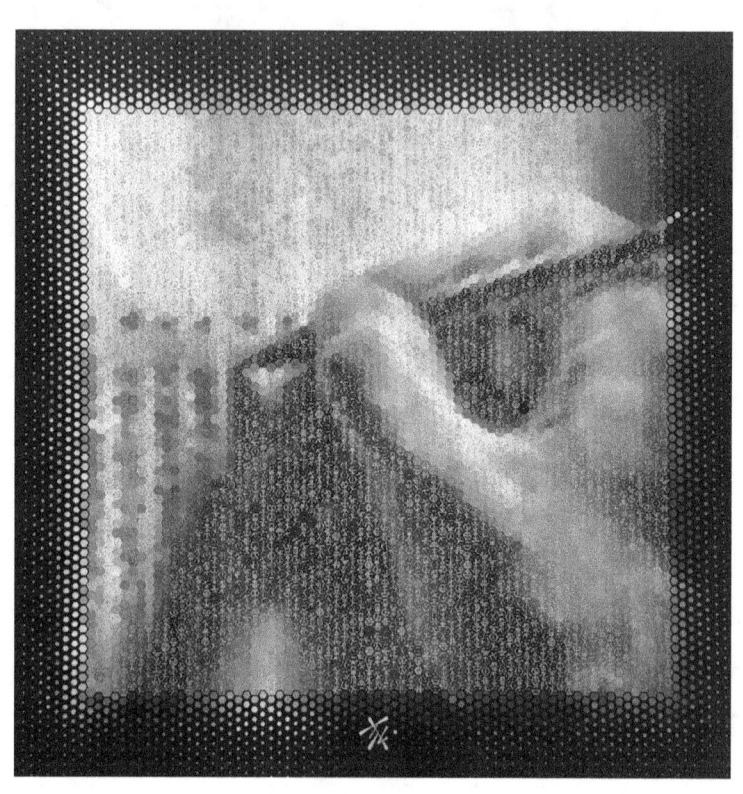

Manifeste
Huile sur toile
80x80cm
2017

V

Phonologie

Dans la mesure où le graphieros est une langue très descriptive par nature, pouvant conduire à l'expansion dont nous avons parlé précédemment, le système phonologique a été construit pour limiter au maximum le nombre de syllabes prononcées par le locuteur.

Voici la liste des consonnes et voyelles utilisées par le graphieros, en API[6].

consonnes	voyelles
[b], [k], [d], [f], [g], [h], [ʒ], [l], [m], [n], [p], [r][7], [s], [t], [v], [w], [z]	[a], [e], [i], [o], [y], [u]

L'ensemble des agglutinations possibles des glyphes de base devant être facilement prononçable, la phonologie a été structurée de la façon suivante :

consonne - voyelle	[ma]
consonne – consonne - voyelle	[kto]
consonne – voyelle – voyelle	[me.a]
consonne – consonne – voyelle - voyelle	[pta.e][8]

Tous les glyphes commençant par une ou plusieurs consonnes et se terminant par une ou plusieurs voyelles, la succession harmonieuse de toutes les combinaisons de glyphes possibles est donc assurée. En annexe, la liste des glyphes de base indiquera les phonologies API associées.

---

[6] Alphabet Phonétique International

[7] "r" roulé

[8] La séparation par un point pour les exemples [me.a] et [pta.e] souligne le fait que les voyelles ne sont pas mêlées.

Les sons sélectionnés pour les glyphes sont de plusieurs ordres :

- Similaires au français

bras

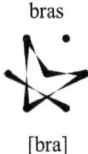

[bra]

- Similaires à l'anglais

ciel

[ska.i]

- Similaires à l'italien[9]

attendre

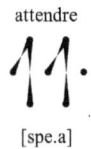

[spe.a]

- Similaires à l'espagnol[10]

étoile

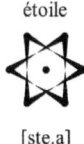

[ste.a]

---

[9] Dans cet exemple, « sperare »
[10] « estrella »

- Référentiels[11]

conflit

[tro.i]

- idéologiques[12]

déchet

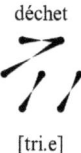

[tri.e]

Dans le cas où deux glyphes identiques se suivent, on ne prononcera pas les consonnes du second glyphe.

Dans l'annexe, tous les glyphes de base indiqueront l'origine de leur phonologie.

---

[11] Dans cet exemple, en référence à la guerre de Troie
[12] En référence au tri des déchets

VI

Noms propres

Préfixe nom propre

Les locuteurs du graphieros sont invités à se rebaptiser dans cette idéolangue, en mettant en avant les qualités qui leur sont propres. Ainsi votre serviteur s'est-il auto-rebaptisé du nom de « l'artiste », traduit en graphieros par [nmo-ka-ta.e].

nom propre

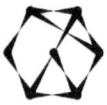

[nmo]

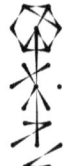 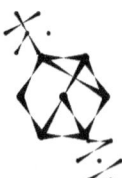

[nmo-ka-ta.e], « L'artiste », écrit dans les modes linéaire et moléculaire.

Le préfixe [nmo], dérivé du glyphe [ka] (humain) dont il est une sorte de miroir, permet d'indiquer un nom propre. On ne pourra pas l'utiliser pour transcrire directement un nom propre existant dans une autre langue, sauf si celui-ci est issu d'un nom commun qui trouve sa traduction en graphieros, comme par exemple « Forestier » ou « Mouton ».

Afin d'autoriser une certaine souplesse et pénétration des autres langues dans le graphieros, un syllabaire a été créé pour reproduire les sonorités de ces langues au plus près, avec le matériel phonologique fondamental du graphieros.

2

Syllabaire

Une langue serait totalement hermétique si elle n'offrait pas de transcrire phonétiquement les autres langues. Elle serait probablement mort-née sans cette indispensable connexion, qui permet d'exprimer l'onomastique, depuis les prénoms jusqu'aux territoires, en passant par les marques.

Le syllabaire du graphieros est construit d'après sa phonologie, et devrait permettre, sinon une transcription exacte des sons des autres langues, du moins quelque forme approchante. Les glyphes du syllabaire sont le produit d'une fusion de glyphes représentant les sons autorisés dans le graphieros, qui sont très proches de l'alphabet occidental.

Voici un aperçu du syllabaire, avec tous les sons possibles avec la consonne [k] (le tableau complet peut être consulté dans les annexes) :

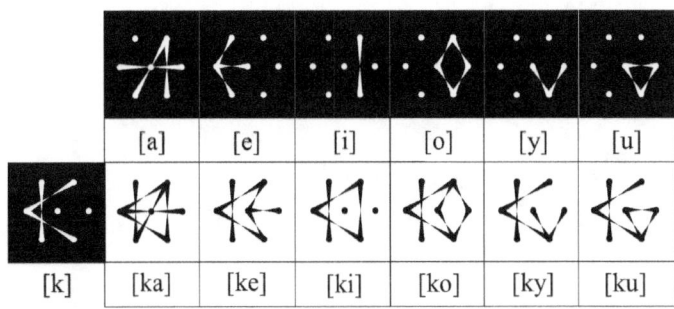

De la même façon qu'il a été nécessaire de prévenir le lecteur qu'il allait lire un nombre en le faisant précéder de la balise [nma.e], il est nécessaire d'introduire une nouvelle balise pour indiquer qu'un module syllabique est utilisé. Cette balise n'est jamais prononcée.

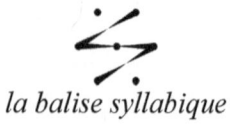

la balise syllabique

Voici quelques exemples d'utilisation du syllabaire, dans les modes linéaire et moléculaire du graphieros :

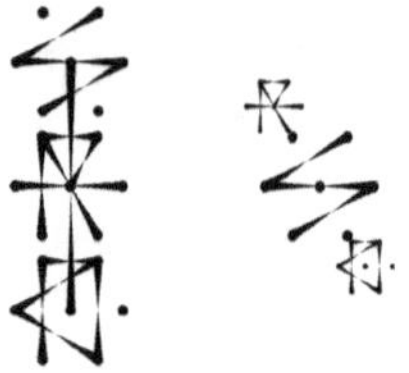

« Paris » : [… - pa – ri]

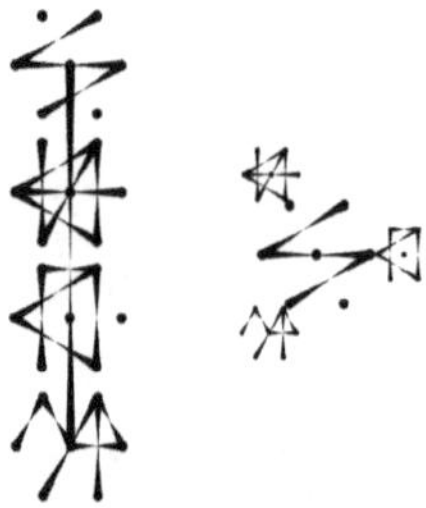

« Karima » : [… - ka – ri – ma]

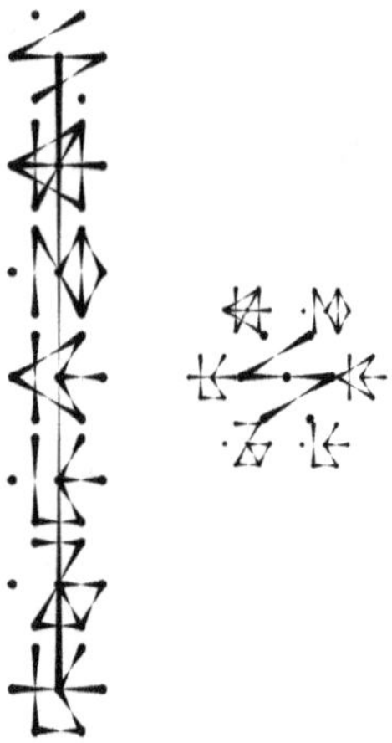

« Knock le zoute » :
[… - ka-no-ke-le-zu-te]

VII

Grammaire du graphieros

1

Syntaxe

Le graphieros utilise une syntaxe de type SVO[13]. Voici une illustration en graphieros linéaire de cet ordre :

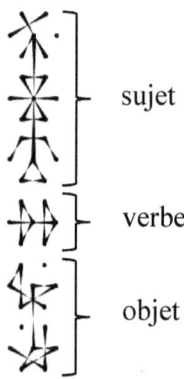

« Je vais loin »
[ka-fy-go le kli-fra]

2

Participe passé

Le graphieros ne dispose pas de participe passé. Celui-ci est en effet remplacé par l'explicitation de l'assujettissement qu'il implique : au lieu de dire : « je suis allé », on dira : «je suis sujet de allage » ; au lieu de dire « je suis pris », on dira : « je suis sujet de prise ». Le module « sujet-de » sera donc toujours suivi d'un nom préfixé par [me.a], sans exception.

---

[13] Sujet Verbe Objet

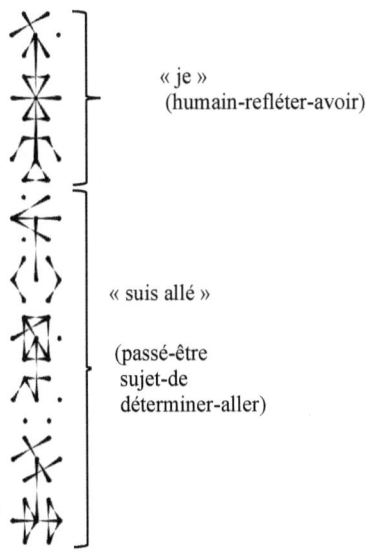

« je »
(humain-refléter-avoir)

« suis allé »

(passé-être
sujet-de
déterminer-aller)

« je suis allé »
[ka-fy-go pso.i-ma pka.e-da me.a-le]

Le module [pka.e-da] ainsi que le nom qui le suit sont invariables ;

3

Pluriel

Les verbes et les objets sont accordés systématiquement. Le pluriel est indiqué par l'ajout du glyphe [tsi].

Voici deux exemples d'utilisation du pluriel :

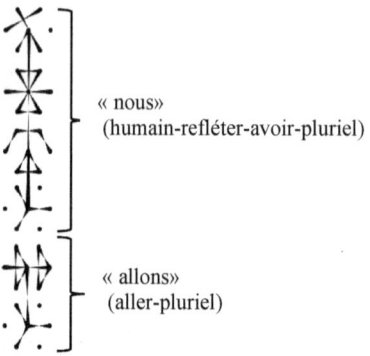

« nous»
(humain-refléter-avoir-pluriel)

« allons»
(aller-pluriel)

« nous allons »
[ka-fy-go-tsi le-tsi]

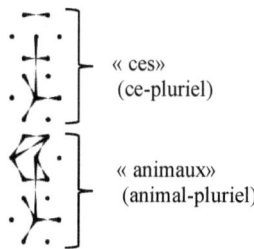

« ces»
(ce-pluriel)

« animaux»
(animal-pluriel)

« ces animaux »
[de-tsi pki.a-tsi]

4

Négation

Le glyphe [ni.a] est utilisé pour indiquer la négation. Il est placé en général avant le verbe.

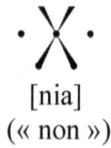

[nia]
(« non »)

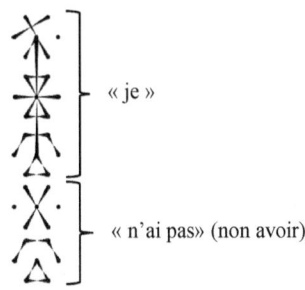

« Je n'ai pas »
[ka-fy-go ni.a go]

Le graphieros n'utilise pas de double négation, comme c'est le cas en français.

5

Pronoms personnels

[ka-fy-go]	[ka-fya-fy]	[ka-mno], [ka-mna], [ka-mna.o], [ka-mne]	[ka-tra]
je, moi	tu, toi	il, elle	on
humain refléter avoir	humain donner refléter	humain + genre	humain extérieur

Il suffit d'ajouter le glyphe pluriel [tsi] pour obtenir les pronoms personnels du pluriel. A part pour « il » et « elle », tous les glyphes [ka] peuvent être remplacés par un glyphe de genre, par exemple [mno-fy-go], [mna-fya-fy], et [mna.o-tra].

6

Pronoms possessifs

[so-soma-ma]	[so-soma-kno.i]	[so-ni.a-soma]
mon	ton	sa, son
se soi être	se soi connecter	se non soi

Là aussi, il suffira d'ajouter le glyphe pluriel [tsi] pour obtenir les pronoms personnels pluriels (nos/notre, vos/votre, leur/leurs[14]).

7

Conjonctions de coordination

[pro]	[ro.i]	[te]	[dku]	[vro.i]	[na]	[gzo][15]
mais	ou	et	donc	or	ni	car

---

[14] dont la distinction sera opérée par la présence ou non du pluriel sur l'objet qui suivra.
[15] Ce glyphe est l'inverse de celui utilisé pour le point d'interrogation

8

Conjugaison

Comme il a été vu dans la section « préfixes » de l'ouvrage, l'expression du passé, du futur, du conditionnel, de l'impératif et du subjonctif est liée à l'utilisation des préfixes temporels afférents.

Par défaut, tous les verbes sont conjugués au présent, pour lequel il n'est donc pas de préfixe.

i.   Passé

L'ajout du préfixe [pso.i] indique le passé.

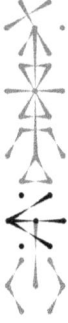

« j'étais » ou « je fus » etc.
[ka-fy-go **pso.i**-ma]

ii.   Futur

De la même manière, l'ajout du préfixe [ftu] indiquera le futur.

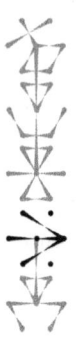

« Tu prendras »
[mna-fy.a-fy **ftu-ra**][16]

iii.   Conditionnel

L'ajout du préfixe [hi] indique le conditionnel.

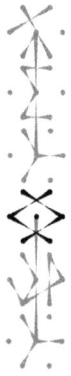

« ils riraient »
[ka-tra-tsi **hi**-lfaw-tsi]

---

[16] Notez le tutoiement genré avec le glyphe [mna] (femme) au lieu de [ka] (humain)

iv.   Subjonctif

Le mode subjonctif est composé de trois temps : passé, présent, futur. Le subjonctif obéit aux mêmes règles de concordance des temps que le français[17].

L'ajout du préfixe [fi] indique le subjonctif, qui est présent par défaut. Pour indiquer une temporalité passée ou future, il faut lui faire suivre le glyphe [pso.i] (passé) ou [ftu] (futur).

« que je prenne » (présent)	« que je prisse » (passé)	« que je prendrasse »[18] (futur
[kwa ka-fy-go **fi**-ra]	[kwa ka-fy-go **fi-pso.i**-ra]	[kwa ka-fy-go **fi-ftu**-ra]

---

[17] A part pour le conditionnel, qui s'il est placé en proposition principale, conduit à l'usage du subjonctif futur dans la proposition subordonnée.

[18] En français, le subjonctif futur n'existe pas. Nous avons ici proposé une traduction.

v.   Impératif

L'impératif est obtenu en ajoutant le préfixe [fo]. Il s'accorde au pluriel.

« fais cela »	« faites cela »
[**fo**-fa de]	[**fo**-fa-tsi de]

vi.   Concordance des temps

"il faut que j'aille"	« il fallait que j'allasse »	« il faudrait que j'irasse »[19]	« il faudra que j'irasse »
[dvo-fa kwa ka-fy-go fi-le]	[pso.i-dvo-fa kwa ka-fy-go fi-pso.i-le]	[hi-dvo-fa kwa ka-fy-go fi-ftu-le]	[ftu-dvo-fa kwa ka-fy-go fi-ftu-le]

[19] Le conditionnel dans la proposition principale induit le subjonctif futur dans la subordonnée.

60

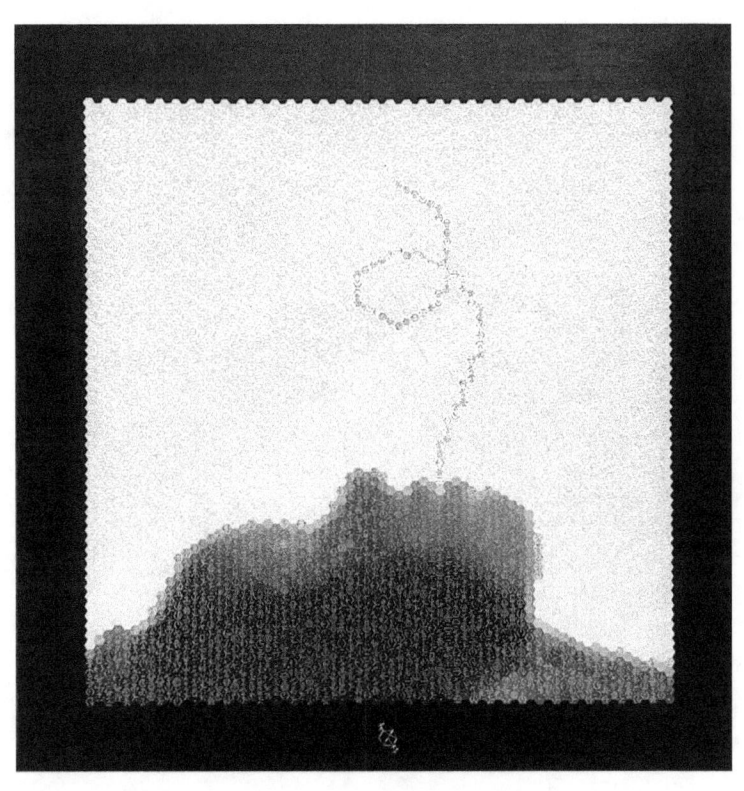

Ar
Huile sur toile
40x40cm
2017

APHORISMES
à décrypter[20]

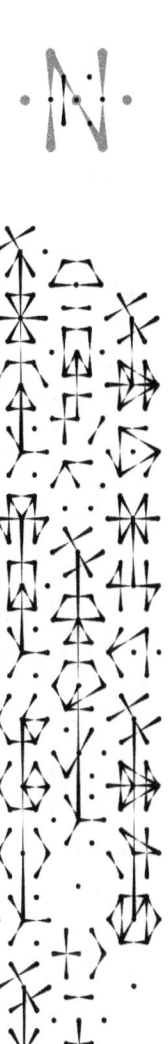

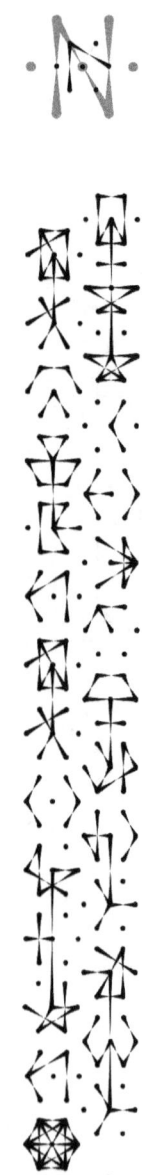

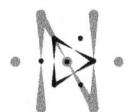

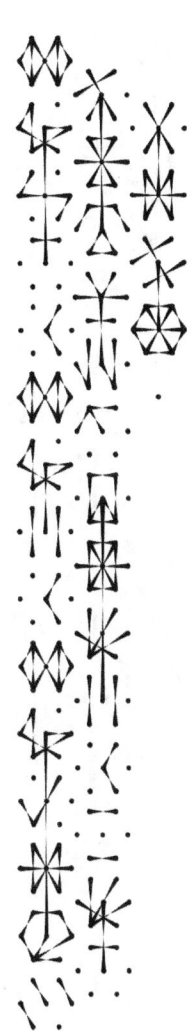

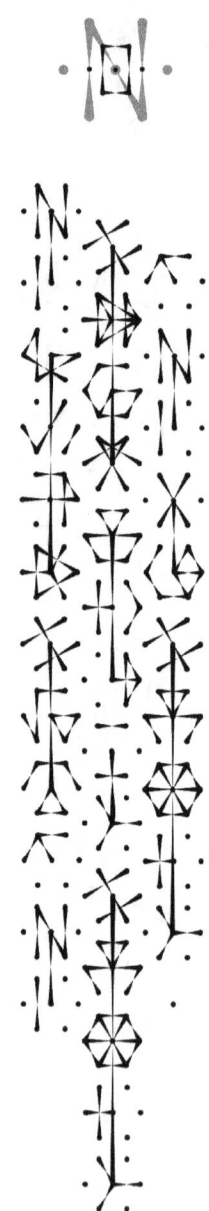

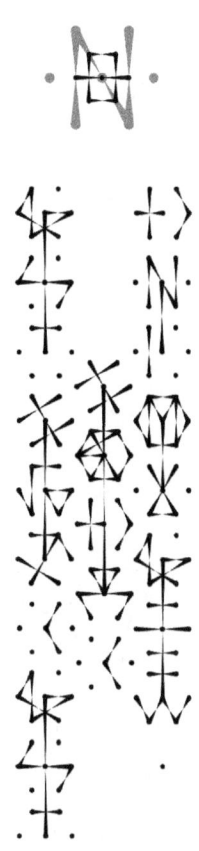

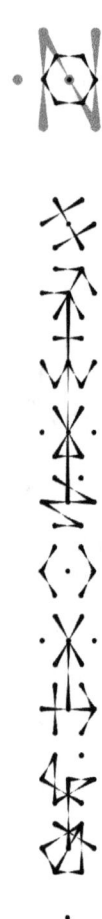

FRAGMENTS POÉTIQUES
par Karima Arezki

à décrypter[21]

Sens de lecture des modules moléculaires : chaque module se lit en commençant par le glyphe central, puis en tournant autour de façon horaire. Les ensembles de modules se lisent de haut en bas, et de gauche à droite, comme dans l'exemple ci-dessous, indiquant comment lire le premier fragment poétique.

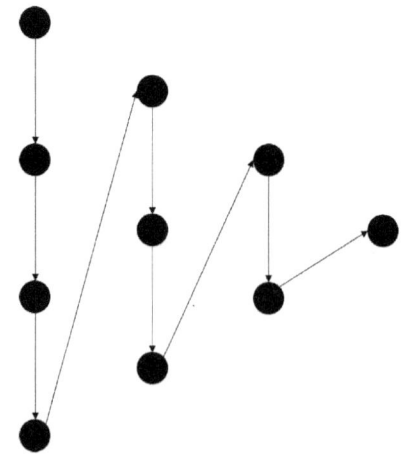

---

[21] Les traductions figurent à la fin de l'ouvrage.

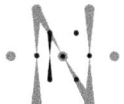

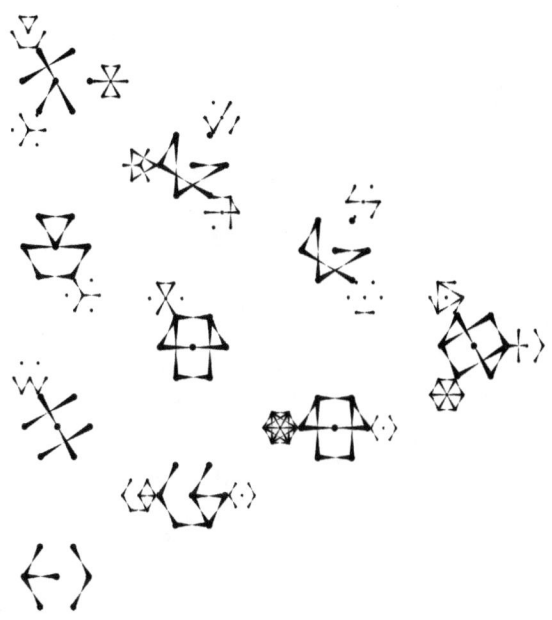

Voici ce même fragment poétique n°1 en graphieros fractal :

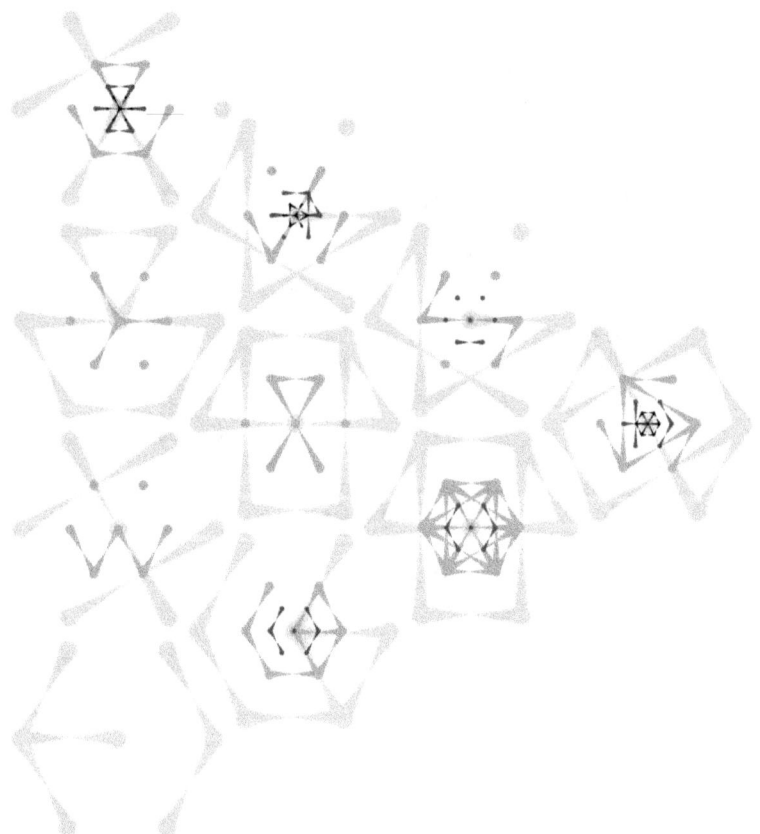

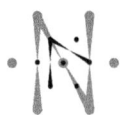

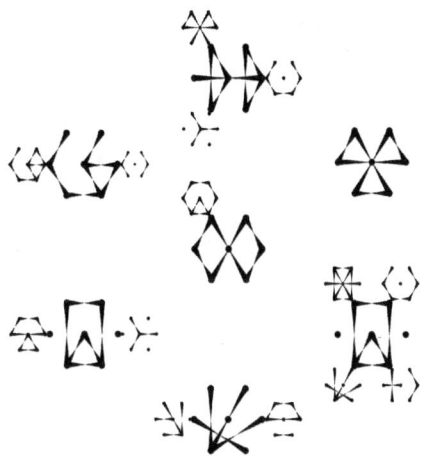

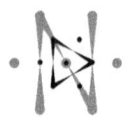

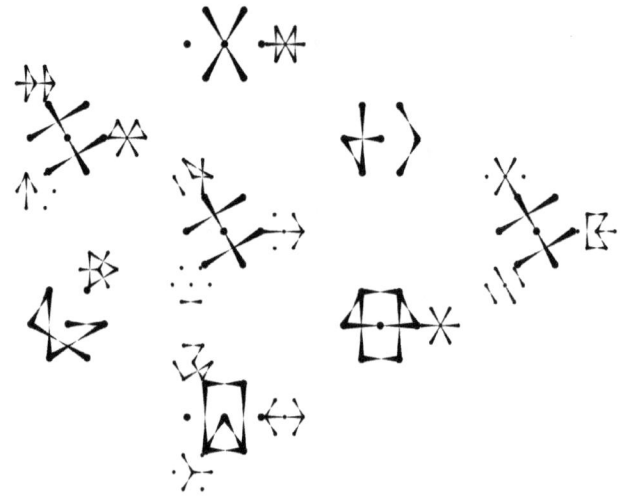

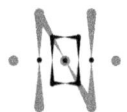

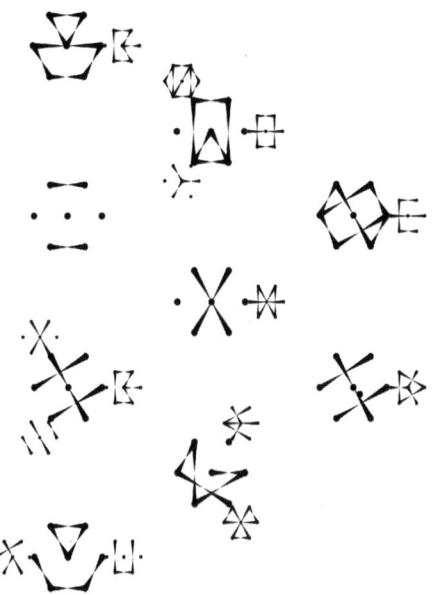

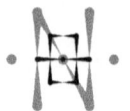

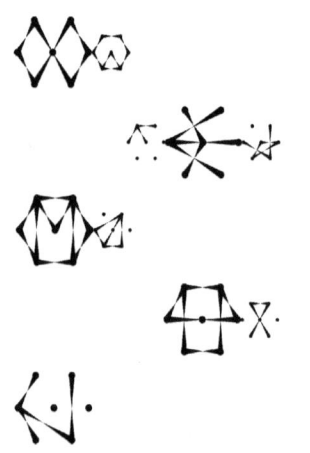

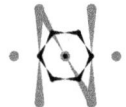

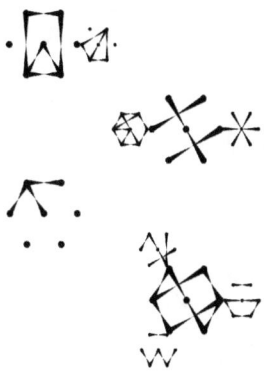

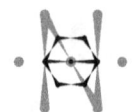

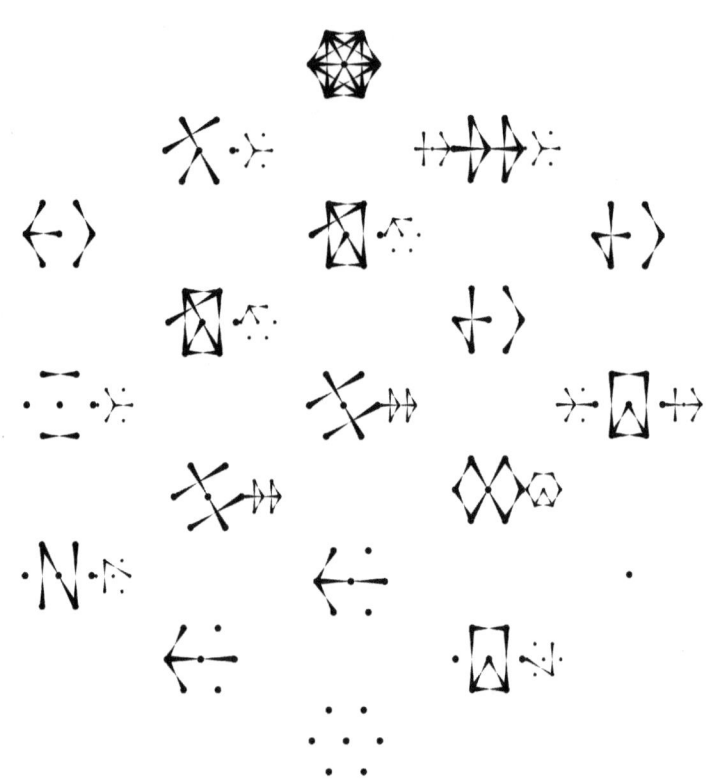

ANNEXES

1

Tableau périodique des éléments

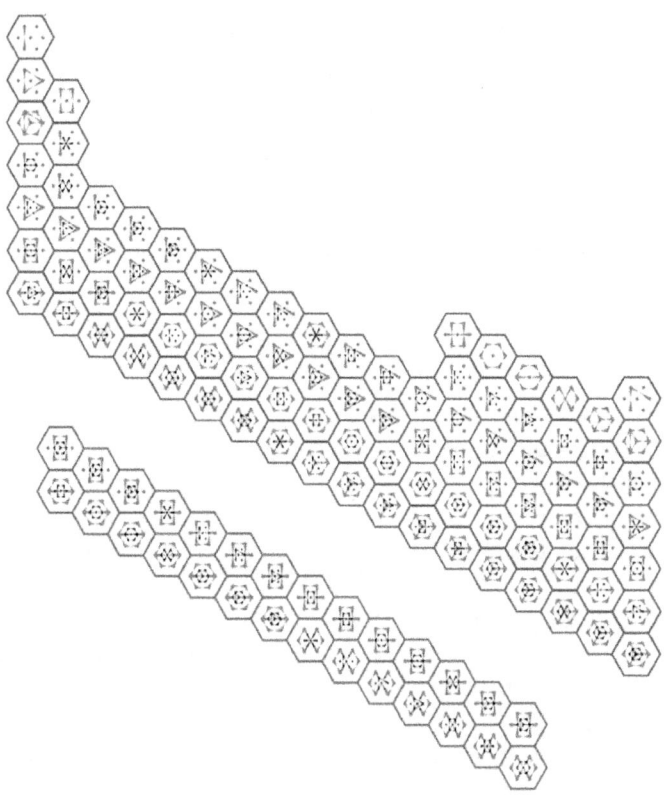

2

Cercle chromatique

[rʒy] (orange)

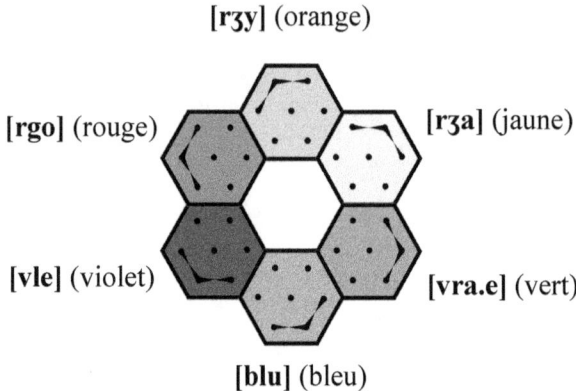

[rgo] (rouge) **[rʒa]** (jaune)

[vle] (violet) **[vra.e]** (vert)

[blu] (bleu)

Utilisés sans préfixe, les couleurs sont des verbes. Il convient donc de leur ajouter les préfixes adéquats pour indiquer une qualité.

Les couleurs intermédiaires sont obtenues par mélange. Ainsi, pour la couleur indigo, on dirait [blu-vle], ou [vle-blu], selon que l'on ressent la couleur tirant plutôt vers le bleu ou le rouge. La couleur turquoise se dirait [vra.e-blu], ou [blu.vra.e], etc.

Les mélanges les plus complexes peuvent ainsi être écrits et dits d'une façon simple, avec des applications non négligeables pour le peintre.

Le blanc est indiqué par le glyphe [tew] (tout), le noir par le glyphe [ne] (rien). Notons que le mot « couleur » se dit [mea-sta-gna.e] (déterminer-voir-onde), auquel on ajoutera en finale les glyphes [gew] ou [ne] pour indiquer le noir ou le blanc. Ce n'est pas nécessaire pour les autres couleurs, dont les glyphes n'ont pas d'autre fonction.

3

Liste des phonologies et significations des glyphes de base

a. graphénoglyphes courants

1		[bo.i]	« à » *Hérité de [kme] (pour)*
2		[ksu]	« accélérer »
3		[gre.y]	« accrocher »
4		[kmi.a]	« accumuler »
5		[ba.i]	« acheter »
6		[sde]	« acide » *Hérité de [lpa.e] (lèvre)*
7		[kde]	« adolescent » *hérité de [ka] (humain)*
8		[dly]	« adulte » *hérité de [ka] (humain)*
9		[pfa.e]	« agir »
10		[ha.e]	« air »
11		[fsu]	« ajuster »
12		[le]	« aller »

13		[sli.o]	« alors »
14		[ta.e]	« alterner »
15		[mre]	« amer »
16		[mry.a]	« amplifier »
17		[gle.i]	« angle »
18		[kpaw]	« antenne »
19		[zai]	« apparaître »
20		[zni.e]	« appuyer »
21		[fte.a]	« après »
22		[kte.a]	« arrêter »
23		[tme.i]	« atome »
24		[spe.a]	« attendre »
25		[rpa]	« attraper »
26		[zaw]	« aussi »

27		[nte.a]	« avant »
28		[go]	« avoir »
29		[ni]	« bas »
30		[vdi.o]	« beaucoup », « plus » Ce glyphe fonctionne aussi comme opérateur arithmétique
31		[blu]	« bleuir » (couleur)
32		[ke.o]	« bon, « bien »
33		[bu]	« boucler »
34		[dvea]	« brancher »
35		[bra]	« bras »
36		[bze]	« business », « affaire(s) »
37		[gli.o]	« but », « objectif »
38		[rko]	« caillou »
39		[knew]	« canonner », « faire du bruit »
40		[gzo]	« car »

41		[sle.y]	« cellule »
42		[sy.e]	« centrer »
43		[fle]	« chair »
44		[le.a]	« chance », « aléa »
44bis		[sni]	« chanter »
45		[sda.e]	« chaque »
46		[swa]	« choisir »
47		[ska.i]	« ciel »
48		[sri.e]	« circuiter »
49		[ki]	« clé »
50		[haw]	« comment »
51		[ple.a]	« complexifier »
52		[kte.u]	« compter »
53		[tro.i]	« conflit » (verbe)

54		[kfa.y]	« confondre »
55		[kno]	« connaître »
56		[kno.i]	« connecter »
57		[kse.a]	« construire »
58		[kpo.i]	« continuer »
59		[sno]	« contre »
60		[bdi]	« corps »
61		[kte]	« côté »
62		[kwo]	« couper »
63		[kry.e]	« courrier »
64		[kru]	« court »
65		[kva.e]	« couvrir »
66		[kri]	« crier »
67		[kry]	« croiser »

68		[gra.e]	« croître »
69		[dwa]	« cycle »
70		[dʒe]	« danger »
71		[di]	« dans »
72		[de.a]	« danser »
73		[da]	« de »
74		[tri.e]	« déchet »
75		[kty.e]	« découper »
76		[ʒi]	« découvrir »
77		[dfo]	« défaire » (défaite)
78		[dʒa]	« déjà »
79		[dle]	« délicieux »
80		[rto]	« demi-tour »
81		[fma.i]	« depuis »

82		[nbi.a]	« déséquilibrer »
83		[dzy.e]	« détruire »
84		[dvo]	« devoir »
85		[dve.y]	« différer » (différence, différent)
86		[dme]	« dimensionner »
87		[dvi]	« diviser » Ce glyphe fonctionne aussi comme opérateur arithmétique
88		[dku]	« donc »
89		[rdwa]	« draper »
90		[dro]	« droit »
91		[dry.a]	« droite »
92		[dre.i]	« dur »
93		[to]	« eau »
94		[gla]	« égaler »
95		[vzu]	« électricité »

96		[pko.i]	« empaqueter »
97		[nwo]	« en »
98		[kdi.e]	« enfant »
99		[nki]	« entailler »
100		[sko]	« entendre »
101		[sry.e]	« entourer »
102		[nto]	« entre »
103		[bi.a]	« équilibrer »
104		[te]	« et »
105		[ste.a]	« étoile »
106		[ma]	« être »
107		[vne]	« événement » Fusion des glyphes « aller » et « planifier »
108		[vly.e]	« évoluer »
109		[tra]	« extérieur »

110		[ksu]	« extrémité »
111		[fsa]	« face »
112		[ve.a]	« faiblir »
113		[fa]	« faire »
114		[sga]	« faucher »
115		[nre.a]	« faux »
116		[mna]	« femme », « femelle »
117		[klo.i]	« fermer »
118		[fre.y]	« feu »
119		[lvi.a]	« feuille »
119 bis		[fli]	« filer » (fil)
120		[bre.a]	« filtrer »
121		[ble.a]	« fleurir »
122		[fka.i]	« fonctionner »

123		[fa.i]	« former »
124		[gew]	« forcer », « forcir »
125		[gry]	« frapper »
126		[fta.e]	« frustrer »
127		[ra.y]	« fuir »
128		[kpa.e]	« garder »
129		[dra.y]	« gauche »
130		[gza.i]	« gaz »
131		[sla]	« glisser »
132		[tsa.e]	« goûter »
133		[rka.i]	« grader »
134		[gro]	« graisser »
135		[gva]	« graviter » (gravité)
136		[gra]	« grossir »

137		[dvi.e]	« habiller »
138		[pa]	« haut »
139		[nma.e]	« hermaphrodite »
140		[hro]	« heure »
141		[mno]	« homme », « mâle »
142		[rzo]	« horizon »
143		[fwo]	« hors »
144		[si]	« ici »
145		[sme]	« identique »
146		[kpi.e]	« inachever »
147		[kne.a]	« incliner »
148		[tso]	« indiquer »
149		[ngla]	« inégaler »
150		[nfo]	« informer »

151		[pse]	« insuffire »
152		[ke.a]	« intelligence » Fusion des glyphes « humain » et « lumière »
153		[nsa]	« intérieur »
154		[ntew]	« interrompre »
155		[nve.i]	« inverser »
156		[smi.a]	« -isme », « -iste »
157		[lga.e]	« jambe »
158		[rʒa]	« jaunir » (couleur)
159		[ʒne]	« jeune »
159 bis		[ʒgo]	« jouer »
160		[kadwa]	« jour » Fusion des glyphes « humain » et « cycle »
161		[sko.i]	« jusque »
162		[ska]	« lancer »
163		[lgi.o]	« langage »

164		[hi.o]	« alléger », « léger »
165		[lpa.e]	« lèvre »
166		[fra]	« éloigner », « loin »
167		[lgy.a]	« allonger », « long »
168		[lro]	« alourdir », « lourd »
169		[he.a]	« lumière »
170		[sna]	« maigrir »
171		[pro]	« mais »
172		[nfe.a]	« maladie »
173		[mra.i]	« marquer »
174		[mta.i]	« matière »
175		[bwa]	« mauvais », « mal »
176		[mto]	« métal »
177		[pne]	« mettre »

178		[mdo]	« milieu »
179		[dʒio]	« minuter », « minute »
180		[mtu]	« montagne »
181		[fte.y]	« mollir », « mou »
182		[mli]	« multiplier » Fonctionne aussi comme opérateur arithmétique
183		[mso]	« muscler »
184		[nsi.o]	« nécessiter »
185		[na]	« ni »
186		[nma.e]	« nombre »
187		[ni.a]	« non », « ne »
188		[fdu]	« nourrir »
189		[ne.y]	« nouveler », « nouveau »
190		[gwa]	« œuf »
191		[fy.a]	« offrir », « donner »

192		[bro.i]	« ombrer », « ombre »
193		[gna.e]	« onde »
194		[vro.i]	« or »
195		[rʒy]	« oranger » (couleur)
196		[rdo]	« ordonner »
197		[rgi.a]	« organe »
198		[vi.a]	« originer »
199		[bni.o]	« os »
200		[ro.i]	« ou »
201		[sde.y]	« où »
202		[he]	« oui »
203		[pno]	« ouvrir »
204		[sra]	« pacifier »
205		[mri.y]	« papillonner »

206		[ba]	« par »
207		[pra.e]	« parcourir »
208		[sma.i]	« parfois »
209		[pry.e]	« part », « portion »
210		[hi.a]	« penser »
211		[dri]	« percer »
212		[l.se]	« perdre »
213		[psi.a]	« peser »
214		[mni]	« peu », « moins » Ce glyphe fonctionne aussi comme opérateur arithmétique
215		[kwe]	« peupler », « population », « groupe »
216		[sfi]	« apeurer », « peur »
217		[fti]	« pied »
218		[tra.i]	« piéger »
219		[pke]	« piquer », « piquant » (goût)

220		[pvo]	« pivoter »
221		[pna.e]	« planète »
222		[pla]	« planifier »
223		[pto]	« pleuvoir »
224		[pli]	« plier »
225		[plwe]	« plume »
226		[tsi]	« pluriel »
227		[plo.i]	« poil »
228		[fky]	« pointer »
229		[pte.a]	« poitriner » (bomber le torse), « poitrine »
230		[pto.i]	« porter »
231		[psu]	« positionner »
232		[kme]	« pour »
233		[vwa]	« pourquoi »

234		[psi.e]	« pousser »
235		[fry.a]	« pouvoir »
236		[ra]	« prendre »
237		[pre]	« près »
238		[tpi.a]	« profondeur »
239		[pri.o]	« programmer »
240		[pra.i]	« proportionner »
241		[pr.ba]	« pyramide »
242		[fkwe]	« quand »
243		[kta]	« quantité »
244		[kwa]	« que », « quoi »
245		[kwi]	« qui »
246		[slo]	« ralentir »
247		[rma]	« ramasser », « glaner »

248		[gro.i]	« ramper »
249		[sno.i]	« rayonner »
250		[rba.e]	« rebondir »
251		[rse.a]	« recevoir »
252		[tba]	« récipient »
253		[rda.i]	« refaire »
254		[fy]	« refléter »
255		[flo.i]	« remplir »
256		[rpi.e]	« répéter »
257		[zle]	« résulter »
258		[lvo.i]	« retirer »
259		[swo]	« retourner »
260		[rve]	« réveiller »
261		[ne]	« rien »

262		[rgi]	« rigidifier »
263		[lfaw]	« rire »
264		[rwe]	« roue »
265		[rgo]	« rougir »
266		[sle]	« saler »
267		[so]	« se »
268		[dʒy]	« seconde » (unité de temps)
269		[sge]	« segmenter », « fractionner »
270		[vy.e]	« donner un sens», « sens »
271		[sko.i]	« sensibilité »
272		[smu]	« sentir » (odeur)
273		[tre.y]	« séparer »
274		[skwa]	« sexer » (sexe)
275		[ze.i]	« si »

276		[sne.a]	« simplifier »
277		[soma]	« soi » Fusion des glyphes [so] (« se ») et [ma] (« être »)
278		[sple]	« assouplir », « flexibiliser »
279		[n.de]	« sous »
280		[svo]	« souvent »
281		[ske]	« sucrer » (goût)
282		[flo]	« suivre »
283		[n.to]	« sur », « dessus »
284		[sbo]	« symboliser »
285		[stu]	« synthétiser »
286		[sa.i]	« taille » (format, grandeur)
287		[zla.e]	« tant »
288		[ti.e]	« traverser »
289		[tle]	« téléphoner »

290		[po]	« température »
291		[kpo.ile]	« temps » (durée) Fusion des glyphes [kpo.i] (« continuer ») et [le] (« aller »)
292		[tre.a]	« terrer », « terre »
293		[ste]	« tester »
294		[te.a]	« tête »
295		[to.i]	« texter », « texte »
296		[ple.y]	« tirer »
297		[pko]	« toucher »
298		[tew]	« tout »
299		[mne]	« transgenre »
300		[tva.i]	« travailler »
301		[tro]	« trop »
302		[vky.e]	« vaincre »
303		[vli.a]	« valoriser »

304		[vni.a]	« varier »
305		[slo.i]	« vendre »
306		[kto]	« vers »
307		[vra.e]	« vert »
308		[vry]	« vertu »
309		[vba]	« vibrer », « trembler »
310		[vze.y]	« vice »
311		[vde]	« vider »
312		[ve.y]	« vieillard »
313		[ldo]	« vieillir »
314		[vle]	« violet »
315		[vzy]	« virus »
316		[vlo]	« vitesse », « rapidité »
317		[sa]	« vivre »

318		[ko]	« voici », « voilà »
319		[sta]	« voir »
320		[fla.e]	« voler » (envoler)
321		[vlo.i]	« volume »
322		[vʒa.i]	« vouloir »
323		[vre.a]	« vrai »

Quelques familles d'animaux

324		[rky.e]	« arachnide »
325		[bly]	« baleine »
326		[bo]	« bovidé »
327		[kli.o]	« canin »
328		[bze.a]	« cervidé »
329		[kraw]	« crustacé »

330		[dfi.e]	« dauphin »
331		[kde.a]	« équidé »
332		[kti]	« félin »
333		[skew]	« insecte »
334		[msy]	« marsupial »
335		[l.fe]	« mastodonte »
336		[mu]	« mollusque »
337		[zo]	« oiseau »
338		[psaw]	« poisson »
339		[lba.y]	« porcin »
340		[pta]	« reptile »
341		[rgy.a]	« rongeur »
342		[mki]	« singe »
343		[rmy.e]	« ver »

Quelques familles de végétaux

(ce lexique est en cours de développement)

344		[sre.a]	« céréale »
345		[fgy]	« champignon »
346		[fry]	« fruit » (dérivé du glyphe [ska.i] « ciel »)
347		[lgy]	« légume » (dérivé du glyphe [tre.a] « terre »)

Quelques unités de mesure

Système métrique de base

348		[mlimza]	« millimètre »
349		[stimza]	« centimètre »
350		[dsimza]	« décimètre »
351		[mza]	« mètre »
352		[klomza]	« kilomètre »

			Système de masse de base
353	· ⌐| ·	[mligma]	« milligramme »
354	· ⌐| ·	[stigma]	« centigramme »
355	⌐| ·	[dsigma]	« décigramme »
356	⌐| ·	[gma]	« gramme »
357	⌐| ·	[klogma]	« kilogramme »
358	⌐| ·	[tnogma]	« tonne »
359	⌐| ·	[klotnogma]	« kilotonne »

109

4

Syllabaire

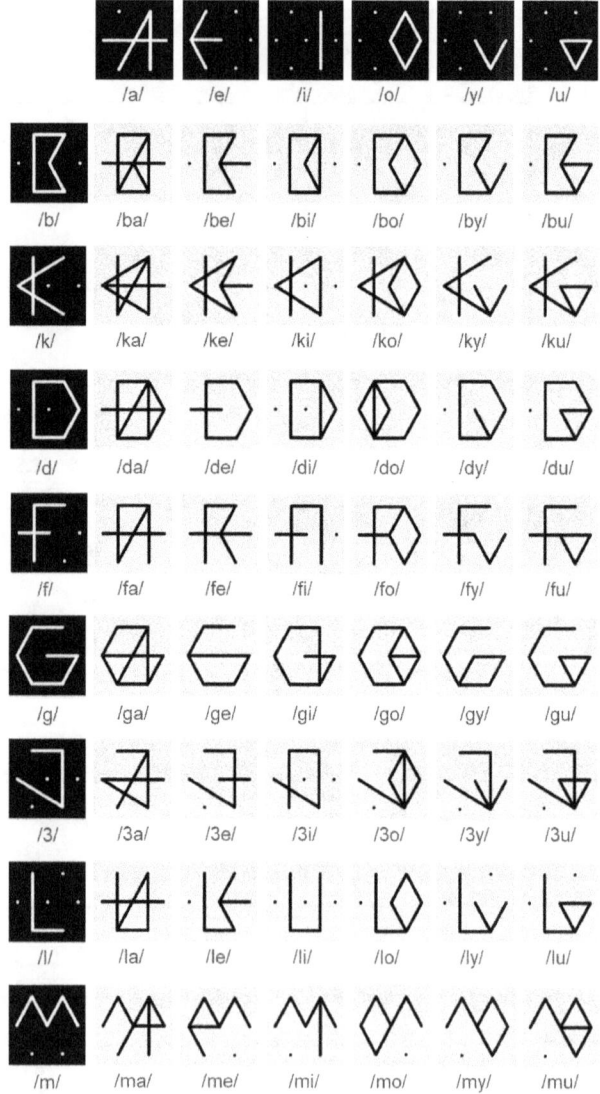

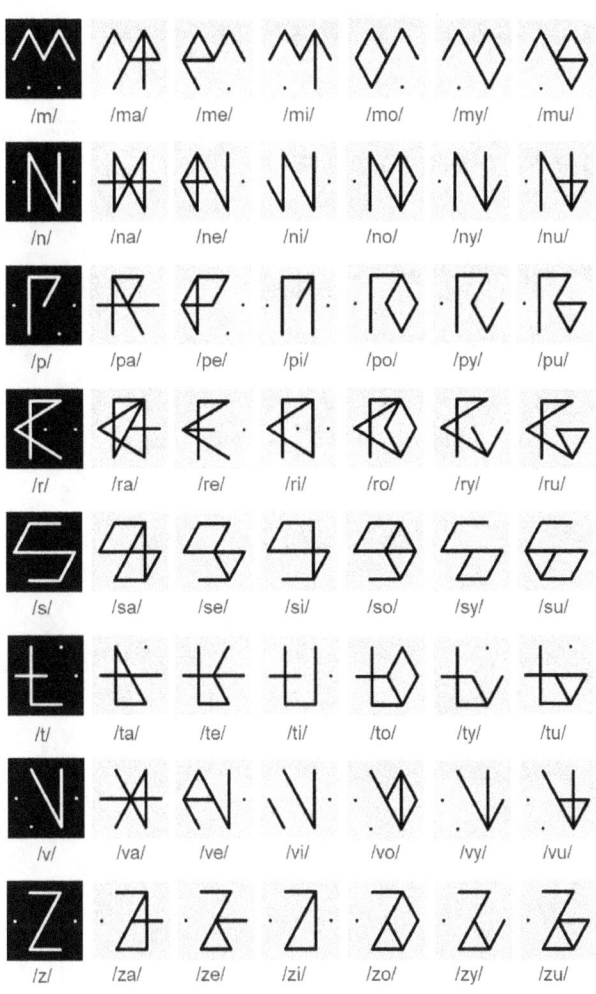

/m/	/ma/	/me/	/mi/	/mo/	/my/	/mu/
/n/	/na/	/ne/	/ni/	/no/	/ny/	/nu/
/p/	/pa/	/pe/	/pi/	/po/	/py/	/pu/
/r/	/ra/	/re/	/ri/	/ro/	/ry/	/ru/
/s/	/sa/	/se/	/si/	/so/	/sy/	/su/
/t/	/ta/	/te/	/ti/	/to/	/ty/	/tu/
/v/	/va/	/ve/	/vi/	/vo/	/vy/	/vu/
/z/	/za/	/ze/	/zi/	/zo/	/zy/	/zu/

Traduction des aphorismes

1. Nous collectons nos ignorances sous la forme de certitudes. Pour elles, le temps agit inversement que l'érosion.

2. On peut se dire au-delà de toute morale, et continuer de sourire aux nouveau-nés.

3. Si grand, si droit, si probe ! Je parle du tuteur, cet arbre sans vie.

4. Une belle histoire d'un temps prépare les massacres d'un autre.

5. Vaste désir, vaste main, pour une terre liquide.

6. La nature est toujours vainqueure.

Traduction des fragments poétiques

1. *Vous faites la pluie et le beau temps*
   Mon petit univers palpitant

2. *Mes pensées débordent*
   Comme racine dans un pot

3. *Éruption lumineuse*
   Sans effondrement
   Faisceaux intenses
   Au centre, le silence

4. *Rencontrer le silence*
   Libérer les poussières
   Couleurs sans transparence
   Pénétrant la lumière.

5. *Comme un rocher*
   Qui contemple le soleil.

6. *Pierre de cœur*
   Faisant des ricochets

7. *Et tous deux*
   Partis de tout
   Partis de rien
   En arrivent au même point
   A la fin

Remerciements

Karima Arezki, amour
Thomas Adeux, amitié
Yann Landry, amitié